Jacques FIJALKOW – Joëlle GARCIA – Patrice CAYRÉ
Michel de la CRUZ

Le Carnaval des ours

BLOC-FICHES

Cycle des apprentissages 3e année – CE1

Composition : V. Dolhen (Éd. Magnard)
Réalisation : B. Gallo
Illustration : ÉPHÉMÈRE

ISBN 2-210-77359-8

9 782210 773592

Texte 1

La famille de Humphrey se déguise

Dans la famille de Humphrey, tout le monde s'est déguisé. Jacinthe, sa sœur, a sorti son magnifique costume de Blanche-Neige. La tante Adèle a préparé un vêtement de paysanne. Maman Zoé a coupé beaucoup de tissu et a beaucoup cousu pour fabriquer son costume de reine. Papa Albert s'est trouvé un habit de roi. L'oncle Fernand a confectionné un déguisement d'indien. Enfin, la petite Alice a demandé à sa maman de lui fabriquer un costume de danseuse étoile.

Mais en quoi s'est déguisé Humphrey ?

Exercices

1.1. *Réponds aux questions.*

Comment s'appelle la sœur de Humphrey ?

....

Qu'a préparé la tante Adèle ?

....

En quoi est déguisé Papa Albert ?

....

Qui a fabriqué le costume d'Alice ?

....

1.2. *Mets une croix dans la case qui convient.*

	Vrai	Faux
Toute la famille de Humphrey s'est déguisée.		
Jacinthe est la tante de Humphrey.		
Jacinthe s'est déguisée en paysanne.		
Maman Zoé a fabriqué un costume de reine.		
Le papa de Humphrey s'appelle Albert.		
Papa Albert a cousu un habit de roi.		
Oncle Fernand a fabriqué un costume d'Alice.		
Alice a un costume de danseuse étoile.		

1.3. *Remets la phrase en ordre.*

préparé	de	La	a	un	vêtement	tante
paysanne.	Adèle					

....

....

1.4. *Relie le début de la phrase à la fin.*

Jacinthe •	• a confectionné un déguisement d'indien.
La tante Adèle •	• a demandé à sa maman de lui fabriquer un costume de danseuse étoile.
Maman Zoé •	• a sorti son magnifique costume de Blanche-Neige.
Papa Albert •	• a coupé beaucoup de tissu et beaucoup cousu.
L'oncle Fernand •	• a préparé un vêtement de paysanne.
La petite Alice •	• s'est trouvé un habit de roi.

1.5. Écris le titre.

....

....

1.6. Écris les mots qui manquent.

Dans la .... de Humphrey, tout le monde s'est .... Jacinthe, sa sœur, a .... son magnifique costume .... Blanche-Neige. La tante Adèle a .... un vêtement de paysanne. Maman .... a coupé beaucoup de tissu et a .... cousu pour fabriquer son .... de reine.

beaucoup — de — sorti — costume — famille

déguisé — préparé — Zoé

1.7. Dessine.

La tante Adèle a préparé un vêtement de paysanne.

1.8. Écris des phrases.

Oncle Fernand	a confectionné	un habit	de roi
Papa Albert	a préparé	un costume	de Blanche-Neige
La maman d'Alice	s'est trouvé	un vêtement	de paysanne
La tante Adèle	a fabriqué	un déguisement	de danseuse
Jacinthe			d'indien

....

....

....

....

1.9. *Écris la légende en t'aidant du texte.*

....

1.10. *Réponds à la question.*

Mais en quoi s'est déguisé Humphrey ?

....

1.11. *Écris les prénoms dans les cases.*

la sœur .... — **Humphrey** — la sœur ....

oncle .... — papa ....

maman .... — tante ....

1.12. *Remplace les groupes soulignés par « **il** » ou « **elle** ».*

Jacinthe a sorti son magnifique costume de Blanche-Neige.

....

....

Papa Albert s'est trouvé un habit de roi.

....

L'oncle Fernand a confectionné un déguisement d'indien.

....

1.13. *Dans chaque phrase, entoure le groupe sujet.*

La tante Adèle a préparé un vêtement de paysanne.

Papa Albert s'est trouvé un habit de roi.

Enfin, la petite Alice a demandé à sa maman de lui fabriquer un costume de danseuse étoile.

Texte 2

La cabane de Robin

Robin habite une vieille cabane à l'extérieur de la ville. Ils y sont à peine arrivés qu'il prend les mesures de Humphrey en sautant autour de lui et en jacassant comme une pie. Humphrey regarde autour de lui.

« Mais où est le costume dont tu m'as parlé ? » lui demande-t-il.

« Des fées vont venir te le fabriquer. Cache-toi ici, elles pourraient avoir peur de toi, lui dit le renard en le poussant dans un sombre débarras. Et ne sors pas avant que je te le demande ! »

Coloriage

Colorie.

le pantalon de Humphrey en .... et ....,
la chemise de Humphrey en ....,
Humphrey en ...., le renard en ....,
la veste du renard en ....

Exercices

2.1. *Réponds aux questions.*

Où habite Robin ?

……………………………………………………………………………

Que fait Robin en arrivant ?

……………………………………………………………………………

Que cherche Humphrey ?

……………………………………………………………………………

Que fait Robin à Humphrey ?

……………………………………………………………………………

2.2. *Explique les mots (aide-toi du dictionnaire).*

les mesures → ……………………………………………………………

……………………………………………………………

jacasser → ……………………………………………………………

……………………………………………………………

un débarras → ……………………………………………………………

……………………………………………………………

2.3. *Qui parle ? Mets une croix dans la case qui convient.*

	Humphrey	Robin
« Cache-toi ici… »		
« Mais où est le costume dont tu m'as parlé ? »		
« Et ne sors pas avant que je te le demande ! »		
« … elles pourraient avoir peur de toi. »		

2.4. *Dessine.*

la cabane de Robin

une fée

2.5. *Écris la légende en t'aidant du texte.*

....

....

2.6. Complète la phrase.

Robin habite une .... cabane.

2.7. Barre les mots pirates.

Robin habille une vieille copine à l'extérieur de la ville. Ils y sont à peine arrivés qu'il perd les mesures de Humphrey en sonnant autour de lui et en jacassant comme une fille. Humphrey regarde autour de lui.

« Mais où est le castor dont tu m'as parlé ? » lui demande-t-il.

2.8. Sépare les mots et recopie la phrase.

Robinhabilleunevieillecopineàl'extérieurdelaville.

....

«Maisoùestlecastordonttum'asparlé?»
luidemande-t-il. ....

....

2.9. *Remets les mots en ordre.*

B	O	R	I	N	....

T	O	M	U	S	E	C	....

R	A	B	E	D	A	R	S	....

2.10. *Écris des phrases dans le tableau.*

	Vrai	Faux
		X
	X	
		X

2.11. *Écris une nouvelle phrase en remplaçant chaque fois un mot.*

Robin habite une vieille cabane.

Robin habite une vieille ....

Robin habite une ....

Robin habite ....

Robin ....

....

2.12. Recopie ce que dit Robin dans le texte.

« Des fées vont venir te le fabriquer. Cache-toi ici, elles pourraient avoir peur de toi, lui dit le renard en le poussant dans un sombre débarras. Et ne sors pas avant que je te le demande ! »

2.13. Remets la ponctuation.

La cabane de Robin

Robin habite une vieille cabane à l'extérieur de la ville Ils y sont à peine arrivés qu'il prend les mesures de Humphrey en sautant autour de lui et en jacassant comme une pie Humphrey regarde autour de lui

Mais où est le costume dont tu m'as parlé lui demande-t-il

Des fées vont venir te le fabriquer Cache-toi ici elles pourraient avoir peur de toi lui dit le renard en le poussant dans un sombre débarras Et ne sors pas avant que je te le demande

2.14. *Retrouve les mots du texte après avoir lu la définition.*

un oiseau voleur → ....

....

une maison simple → ....

....

une femme imaginaire → ....

....

2.15. *Indique si les verbes soulignés sont au singulier ou au pluriel. Mets une croix dans la case qui convient.*

	Singulier	Pluriel
Robin <u>habite</u> une vieille cabane.		
Humphrey <u>regarde</u> autour de lui.		
Des fées <u>vont</u> venir te le fabriquer.		
Et ne <u>sors</u> pas avant que je te le <u>demande</u> !		

Texte 3

Au voleur !

Le carnaval des ours avait lieu hier soir. Un voleur nommé Robin le renard a été arrêté par les gendarmes de la ville. Il avait volé la carte d'invitation de l'ours blanc Humphrey.

Déguisé en shérif, il a été reconnu par un pingouin de l'orchestre.

Les gendarmes ont été alertés et sont arrivés très rapidement. Le renard a bien essayé de s'enfuir mais il a été rattrapé dans la forêt. Le pauvre Humphrey a pu récupérer sa carte et la fête s'est bien terminée.

Le courrier du Grand Nord

Coloriage

Colorie en suivant les consignes.

- La casquette en bleu et rouge
- Humphrey en gris
- La salopette en bleu
- Le pantalon en rouge et vert

Exercices

3.1. *Réponds aux questions.*

Comment s'appelait le voleur ?

....

Qu'avait volé Robin le renard ?

....

En quoi était déguisé le renard ?

....

Comment s'est terminée la fête ?

....

3.2. *Écris les mots qui manquent.*

Le carnaval des ours avait lieu .... soir. Un voleur nommé Robin le .... a été arrêté par les .... de la ville. Il avait volé la .... d'invitation de l'ours blanc .... Déguisé en shérif, il a été .... par un pingouin de l'orchestre.

gendarmes | carte | reconnu | hier | renard | Humphrey

3.3. *Mets une croix dans la case qui convient.*

Le carnaval des ours avait lieu :
- ☐ ce matin.
- ☐ hier soir.
- ☐ dans la forêt.

Robin a été reconnu :
- ☐ par un pingouin.
- ☐ par les gendarmes.
- ☐ par Humphrey.

Robin a été arrêté :
- ☐ par les gendarmes.
- ☐ par Humphrey.
- ☐ par le shérif.

3.4. *Mots croisés.*

1. La fête des ours.
2. Le nom de l'ours.
3. Robin.
4. Ils ont arrêté Robin.
5. Il a reconnu Robin.

3.5. Barre les mots intrus.

Le carnaval des ours blancs avait lieu hier soir à 7 heures. Un voleur nommé Robin le renard rouge a été arrêté par les gendarmes de la ville. Il avait volé la grande carte d'invitation de l'ours blanc Humphrey. Déguisé en shérif, il a été reconnu par un jeune pingouin de l'orchestre.

3.6. Écris le nom des auteurs.

....

....

3.7. Écris la consigne.

....

....

Le|carnaval|des|ours|avait|lieu|hier|soir.

3.8. *Invente des mots pirates.*

Le carnaval des <u>ours</u> avait lieu hier soir.

....

Un voleur nommé Robin le <u>renard</u> a été arrêté par les

....

<u>gendarmes</u> de la ville.

....

3.9. *Pose des questions.*

Le carnaval des ours avait lieu hier soir.

Quand .... ?

Le renard a été arrêté par les gendarmes de la ville.

Qui .... ?

La fête s'est bien terminée.

Comment .... ?

3.10. *Écris les phrases au présent.*

Il <u>avait volé</u> la carte d'invitation de l'ours blanc Humphrey.

....

Robin <u>a été reconnu</u> par un pingouin de l'orchestre.

....

3.11. *Souligne les verbes.*

Un voleur nommé Robin le renard a été arrêté par les gendarmes de la ville. Il avait volé la carte d'invitation de l'ours blanc Humphrey. Déguisé en shérif, il a été reconnu par un pingouin de l'orchestre.

3.12. *Classe les mots dans le tableau.*

Le carnaval - un voleur - la ville - la carte - un shérif - un pingouin - la forêt - les gendarmes - la fête - l'orchestre.

masculin	**féminin**

3.13. *Entoure les lettres qui font [e].*

avait - nommé - volé - Humphrey - shérif - arrivés - récupérer - terminée.

3.14. Remets le texte en ordre.

Déguisé en shérif, il a été reconnu par un pingouin de l'orchestre.
Le pauvre Humphrey a pu récupérer sa carte et la fête s'est bien terminée.
Le carnaval des ours avait lieu hier soir.
Un voleur nommé Robin le renard a été arrêté par les gendarmes de la ville.
Les gendarmes ont été alertés et sont arrivés très rapidement.
Il avait volé la carte d'invitation de l'ours blanc Humphrey.
Le renard a bien essayé de s'enfuir mais il a été rattrapé dans la forêt.

Puzzle

3.15. *Colorie avant de découper.*

Production d'écrits

1. *Ecris le nom des personnages.*

Pour t'aider : observe les pages 7, 9 et 11 du livre .

....

2. *Quel est ton déguisement préféré ? Dessine-le et écris la liste des vêtements.*

Pour t'aider :
Pour écrire les mots, tu peux chercher dans un catalogue de vêtements.

– ....

– ....

– ....

– ....

– ....

Production d'écrits

3. ***Voici un déguisement de clown. Complète les étiquettes.***

Pour t'aider : pour écrire les mots, cherche dans un catalogue de vêtements.

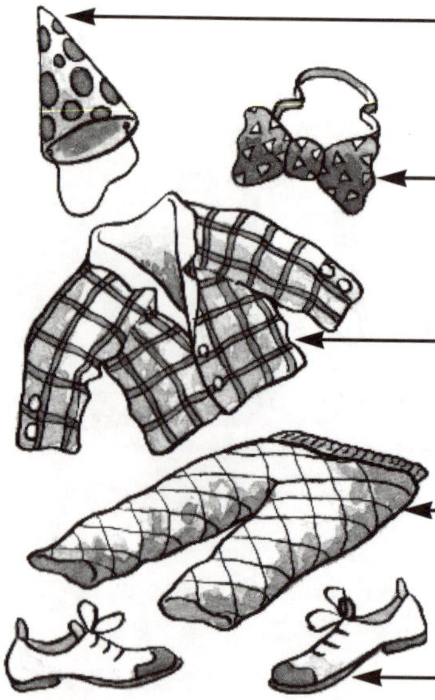

....

....

....

....

....

4. ***Humphrey écrit à la fée pour lui demander un costume.***

Pour t'aider :
– Écris comme si tu étais Humphrey.
– N'oublie pas *chère*, la date et la signature.
– Écris le nom du costume que Humphrey voudrait.

Date

Chère ....

Je voudrais ....

....

....

Signature :

Production d'écrits

5. La fée écrit à Humphrey pour lui annoncer qu'elle va lui faire un costume.

Pour t'aider :

– Écris comme si tu étais la fée.
– Rappelle à Humphrey que tu as reçu son courrier.
– N'oublie pas *cher*, la date et la signature.
– Indique quel costume elle va lui fabriquer.

6. Écris dans les bulles.

Pour t'aider :

– Que dit Jacinthe à Humphrey ?
– Pose une question.

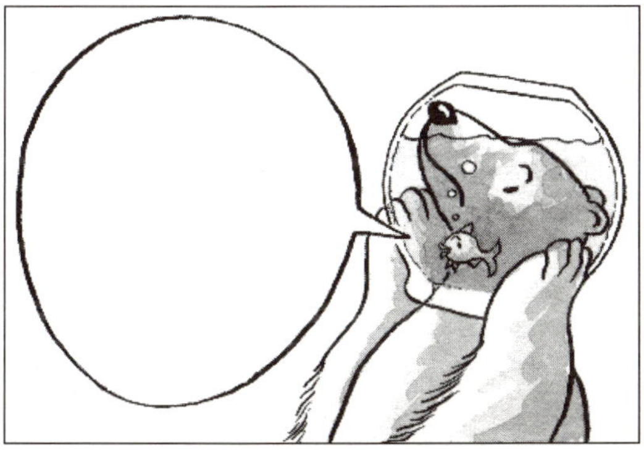

Pour t'aider :

– Que dit le poisson rouge ? Est-il étonné, amusé, en colère ?

Production d'écrits

7. *Dessine Humphrey qui poursuit Robin et écris une légende.*

Pour t'aider :
– Tu peux copier le dessin de Humphrey au bas de la page 21.
– Écris ce que tu vois sur l'image avec le dessin.

....

8. *Fabrique le livre du carnaval.*

Pour t'aider : dessine, sur chaque page, un élève de la classe déguisé. En dessous, tu écris :
(nom, prénom) est déguisé(e) en ....

9. *Tu vas fabriquer une affiche de carnaval.*

Pour t'aider :
– Écris la date.
– Écris *carnaval* en grand.
– Écris le lieu où se passe la fête.
– N'oublie pas d'écrire l'heure du départ de la fête.
– Décore ton affiche en collant des images ou en faisant des dessins de carnaval.

Production d'écrits

10. *Remplis la fiche d'identité de l'ours blanc.*

Nom : ....

Pays où il vit : ....

Description : ....

....

Alimentation : ....

....

....

Nombre d'enfants : ....

Pour t'aider :

– Lis une fiche d'identité d'animal.

– Aide-toi des documents sur les ours blancs.

11. *Écris une légende sous le dessin.*

Pour t'aider :

– Observe bien le dessin.

– Écris une phrase sous le dessin.

– Compare ton texte avec celui de l'auteur.

....

Production d'écrits

12. Résume les pages 14-15-16-17 de l'album.

Pour t'aider :

– Relis bien les pages ou fais-toi les relire.
– Quels sont les personnages ?
– Où se passe cet épisode ?
– Que se passe-t-il au début ?
– Que fait Robin ?
– Que devient Humphrey ?
– Que fait-il à la fin ?

13. Complète le dessin et écris une légende.

Pour t'aider :

– Humphrey entend quelqu'un qui entre. Qui est-ce ?
– Écris le nom de cette personne dans ta phrase.

....

N° Editeur 95/035 - Dépôt légal Janvier 1995
Imprimé par Vernou Impressions - 91410 Dourdan - Tél. 64.59.57.57